BEI GRIN MACHT SICH IHR WISSEN BEZAHLT

AF144590

- Wir veröffentlichen Ihre Hausarbeit,
  Bachelor- und Masterarbeit

- Ihr eigenes eBook und Buch -
  weltweit in allen wichtigen Shops

- Verdienen Sie an jedem Verkauf

Jetzt bei www.GRIN.com hochladen
und kostenlos publizieren

Bibliografische Information der Deutschen Nationalbibliothek:

Die Deutsche Bibliothek verzeichnet diese Publikation in der Deutschen National-bibliografie; detaillierte bibliografische Daten sind im Internet über http://dnb.d-nb.de/ abrufbar.

Impressum:

Copyright © 2006 GRIN Verlag, Open Publishing GmbH
Druck und Bindung: Books on Demand GmbH, Norderstedt Germany
ISBN: 9783638598804

Dieses Buch bei GRIN:

http://www.grin.com/de/e-book/59451/herstellung-und-zubereitung-eines-klassi-schen-wiener-schnitzels-unterweisung

Benedikt Gries

Herstellung und Zubereitung eines klassischen Wiener Schnitzels (Unterweisung Koch / Köchin)

GRIN Verlag

GRIN - Your knowledge has value

Der GRIN Verlag publiziert seit 1998 wissenschaftliche Arbeiten von Studenten, Hochschullehrern und anderen Akademikern als eBook und gedrucktes Buch. Die Verlagswebsite www.grin.com ist die ideale Plattform zur Veröffentlichung von Hausarbeiten, Abschlussarbeiten, wissenschaftlichen Aufsätzen, Dissertationen und Fachbüchern.

Besuchen Sie uns im Internet:

http://www.grin.com/

http://www.facebook.com/grincom

http://www.twitter.com/grin_com

ADA - Ausbildung der Ausbilder
Fachhochschule Fulda
6. bis 17. März 2006

AeVo – Unterweisung

Schriftliche Ausarbeitung der praktischen Prüfung
Vier-Stufen-Methode

Thema:

„Herstellung und Zubereitung eines klassischen Wiener Schnitzels"

Ausbildungsart: Koch, 3. Ausbildungsjahr

Benedikt Gries
Fachbereich Oecotrophologie
4. Semester

Thema der Unterweisung:	Herstellung und Zubereitung eines klassischen Wiener Schnitzels

Lernziele

Richtlernziel:	Der Auszubildende soll den Umfang der Tätigkeiten eines Kochs kennen lernen.
Groblernziel:	Arbeitstechniken und Garverfahren zur Herstellung klassischer Speisen erlernen und anwenden.
Feinlernziel:	Umgang mit klassischen Rezepturen und Herstellungsweisen.
Kognitives Lernziel:	Der Auszubildende soll in der Lage sein, klassische Rezepturen von adaptierten Rezepturen unterscheiden zu können und sie zuzuordnen. Er muss die einzelnen Arbeitsschritte korrekt erklären können.
Psychomotorisches Lernziel:	Der Auszubildende soll in der Lage sein, Wiener Schnitzel nach klassischem Rezept fachlich richtig und selbstständig herstellen zu können. Zudem soll der Umgang mit den verschiedenen Fleischsorten sowie das jeweilige Anwendungsgebiet erlernt werden.
Affektives Lernziel:	Der Auszubildende soll seinen fachlich selbstständigen und zeitlich orientierten Arbeitsablauf üben. Er soll des Weiteren Ordnung am Arbeitsplatz unter Beachtung des Arbeitsschutzes und der Hygiene trainieren.

Rahmenbedingungen

Lernort:	Küche eines Restaurants
Ausbildung:	Koch
Ausbildungsjahr:	3. Ausbildungsjahr
Dauer:	30 Minuten
Ausbildungsmittel:	150 g Kalbfleisch aus der Oberschale
	1 Ei
	50 g Mehl
	80 g Semmelbrösel
	Salz, Pfeffer
	150 g Schweineschmalz
	50 g Butter
	1 Zitronenscheibe, Petersilie

Vier-Stufen-Methode

Schritte: 1. Vorbereiten
          2. Vormachen
          3. Nachmachen
          4. Üben

Vorbereiten

Arbeitsplatz: Küche im Restaurant

Arbeitsmaterialien: Zutaten, 3 flache Teller, Bratpfanne

Kontakt zum Azubi herstellen

Ich nehme locker Kontakt zum Azubi auf, und erkläre ihm, dass wir, da wir in diesem Ausbildungsabschnitt das Thema der klassischen Zubereitungsmethoden behandeln. Zudem werden wir uns mit der Herstellung und Zubereitung eines klassischen Wiener Schnitzels befassen.

Vorkenntnisse, Anknüpfung

Ich befrage den Auszubildenden, wie weit das Thema der klassischen Garnituren und Zubereitungsmethoden in der Berufsschule behandelt wurde, und ob er möglicherweise bereits ein Wiener Schnitzel zubereitet hat. Dann knüpfe ich an der Verarbeitung verschiedener Fleischsorten an, die in der Berufsschule schon behandelt wurden.

Interesse wecken, Motivieren

Ich erkläre dem Azubi, dass Wiener Schnitzel zu den gängigen Gerichten auf der Speisenkarte eines jeden guten Restaurants gehören, und trotz der verhältnismäßig einfachen Zubereitungsmethode von Gästen immer noch gerne bestellt werden.

Lernziel nennen, Sinn und Zweck

Das Lernziel dieser Unterweisung ist die Kenntnis und die Beherrschung von klassischen Rezepturen und Zubereitungsmethoden und damit Grundlage für verschiedenste Gerichte und Garnituren.

Hemmungen nehmen

Ich erkläre dem Auszubildenden, dass die Herstellung und Zubereitung klassischer Gerichte und Garnituren häufig recht einfach sind, und trotzdem auf dem Teller des Gastes sehr aufwendig aussehen. Zudem stehen Zeitaufwand und Preis des Gerichtes in einem betriebswirtschaftlich interessanten Verhältnis zu den aus dem Verkauf erworbenen Einnahmen.

2. Vormachen

	Was – Lernabschnitte	Wie – Merkpunkte	Warum – Begründung
1.	Kalbfleisch würzen	Fleisch von beiden Seiten leicht mit Salz und Pfeffer bestreuen.	Kalbfleisch hat einen feinen Eigengeschmack. Salz und Pfeffer sollen diesen Geschmack unterstützen.
2.	Fleisch mehlieren	Fleisch auf einem flachen Teller in Mehl wenden.	Das Mehl bietet eine gute Grundlage für das Ei, damit dieses an dem Fleisch haftet.
3.	Fleisch in Ei wenden	Das gewürzte und mehlierte Steak in einem weiteren flachen Teller in einem aufgeschlagenen Ei wenden und abtropfen lassen.	Das Ei bietet eine ideale Grundlage für die abschließende Panierung mit Semmelbröseln.
4.	Fleisch in Semmelbröseln wenden	Gewürztes, mehliertes und in Ei gewendetes Steak dünn aber vollständig mit Semmelbröseln panieren.	Die Semmelbrösel sorgen dafür, dass aus dem Steak ein Schnitzel wird. Zudem bewahren die Brösel das Fleisch vor dem Austrocknen während des Bratens, und geben dem Schnitzel seinen unverkennbaren Charakter.
5.	Schnitzel braten	Das Schnitzel kurz in reichlich heißem Fett oder Schweineschmalz braten. Dieser Vorgang wird auch als Backen oder Frittieren bezeichnet. Das Schnitzel soll eine goldgelbe Farbe bekommen.	Schnitzel, die zulange gebraten wurden, schmecken trocken und rau. Wiener Schnitzel sind jedoch goldgelb und fein-aromatisch.
6.	Schnitzel in Butter wenden	Goldgelbes Schnitzel kurz in ausgelassener Butter wenden	Der abschließende Vorgang, das Schnitzel in Butter zu wenden, vervollständigt den Garvorgang und sorgt für ein besonders feines und delikates Aroma.
7.	Schnitzel anrichten	Schnitzel kurz abtropfen lassen und mit Zitronenscheibe und Petersilienstrauß auf einem Teller anrichten.	Die klassische Garnitur eines Wiener Schnitzels sieht vor, dass das Schnitzel aus der Oberschale und vom Fleisch eines Kalbes stammt. Zudem gehören Zitrone und Petersilie zu der Garnitur.

3. Nachmachen

Zuhören – Erklären - Kontrollieren

Ausbildender	Auszubildender
Der Ausbildende weist den Auszubildenden dazu an, ihm die in Stufe 2 gezeigten Schritte nachzumachen.	Der Ausbildende macht die von dem Auszubildenden gezeigten Arbeitsschritte nach.
Der Ausbildende beobachtet das Nachmachen des Auszubildenden.	Der Auszubildende führt die einzelnen Arbeitsschritte aus und erläutert diese.
Der Ausbildende achtet auf Fehler bei der Herstellung und gibt Hinweise.	Der Auszubildende nennt andere ihm bekannte klassische Zubereitungsmethoden und Garnituren.

4. Üben

Kontrollieren – Bewerten - Loben

Ausbildender	Auszubildender
Der Ausbildende lobt den Auszubildenden vorab, ohne eine Wertung seiner Leistung vorzunehmen.	---
Der Ausbilder fordert den Lehrling zur Selbsteinschätzung seiner Leistung auf.	Der Auszubildende gibt dem Ausbilder eine Selbsteinschätzung.
Ausbilder nimmt Einschätzung vor.	Der Auszubildende nimmt die Einschätzung seines Ausbildenden auf, und nimmt gegebenenfalls Stellung dazu.
Der Ausbildende bewertet die Leistung des Auszubildenden.	---
Aufforderung des Ausbildenden an den Auszubildenden, die Übung fortzuführen.	Auszubildender übt weiter.

Verwendete Literatur:

- Handlexikon der Kochkunst, Karl Duch, Trauner Verlag, Band 1, 18. Auflage, 1998
- Das elektrische Kochen, HEA, VWEW, 49. Auflage, 1998
- Grundfragen der Ernährung, Cornelia A. Schlieper, Dr. Felix Büchner, 14. Auflage, 1998
- Lehrbuch für Köche, Herrmann/Nothnagel, Fachbuchverlag Leipzig, 2. Auflage, 2000
- Ausbildungsrahmenplan für Köche, IHK Frankfurt am Main, Fassung vom 13. Februar 1998